Brigitte Tobler · eine erinnerte zeile als eckpfeiler

Brigitte Tobler

eine erinnerte zeile als eckpfeiler

Gedichte

Klaus Isele Editor

Herstellung und Verlag:
BoD – Books on Demand, Norderstedt
ISBN 978-3-7568-7370-8

Der eine sucht zu erobern, um die Welt zu besitzen;
der andere sucht sich aufzugeben, um selbst Welt sein zu können.

Imre Kertész, *Heimweh nach dem Tod*

hell bist du
aufgewacht weil das im
fensterrahmen klingende
licht über deinen beinen tanzt :
assemblagen von leere –
& raum

das schläfrige spiel einer
silbe – oder mouche volante
hin & her bis sie andockt :

im dunstkreis einer linie –
einer palette von ocker
grün tiefgründigem blau
die dich fortträgt &
da sein lässt : die risse
im fenster –
vergänglichkeit

aus dem bild springt das gelb ocker
das haus umgeben von stille gleichgültiger
natur bäume unter zitternder sonne

aus dem schatten dehnt sich der himmel
deine haut dein ohr als windspiel
zwischen tür & angel –

deine augen tanzen bis daraus der grüne
flor einer erkenntnis wächst

du hast dem tag nichts abgerungen
außer einer erinnerten zeile im ohr
als eckpfeiler –

die wahrheit des bildes ist zweifel
los dein verstummen

ich pflücke ein paar stimmen
von den wänden je nach form
& zeit ergeben sich kleine
ausgefranste gedanken trennungen

meine vermeintliche anleitung
zum krieg wird vom nächsten
wort aufgerieben von hundegebell
übertönt ich kenne meine stimme
nur im wenden der bilder oder
beim aufwachen wenn mein
koffer da steht & wartet

laut im ton der lamenti –
dreistundentelefonate
eine groteske übt den auftritt

ich senke meinen herzschlag
bewege den grünen streifen
in die raummitte die bäume
räuspern sich es klingt nach
mahler & seelenverwandt –

letztendlich schlaf : topos wunsch
den meine füße kennen

das dunkel legt sich wie ein vlies
um die gedanken haut & knochen
wir liegen darin wie in einer matte
aus stroh : das leise glänzen kommt
von innen durchbricht perlartig das
schwarz einer zitternden wand :

sie trägt das gewicht eines tages
einer nacht –
sie gleicht der alternden welt
ihre müdigkeit ist die unsere –

das leise glänzen kommt von oben
ein vlies mit aufgesteckten lichtern :
dahinter eine zitternde wand

die tannen die erlen die beeren das wasser
unser blick in die schwarze tiefe
die nichts preis gibt nur erdenschwere
in unsere körper zurückwirft die stille
der wolken der flug der vögel im spiegel
des wassers zieht den blick hinüber ans
andere ufer unter den schilfgürtel & leere

vom auftauchenden fischmaul treiben ringe
auf uns zu bis die stille wieder alles umfängt

nachtschatten die wände : der kleine mond
in der hand im schlaflosen kleid : du wanderst
von nord nach süd längs des flusses
das sternförmige licht – es rauscht durch
verzweigte arme der farnhügel der moos
bänke du wünschst ein anderes bild :

in der ferne leichtere silben über den
stillen wortstämmen – getreue wiedergabe
& weites atemschloss ohne die alten
gewohnheiten : du vertraust den gebetschweren
armen & trägst auch mein gewicht –
immer leichter der schlaf in den du dein
amen sprichst

ein nachttier quakt
auf nahrung- & partnersuche
hinter den fenstern des waldes
schwarzes licht –

du in hellen räumen zwischen
stühlen der abgestandenen
luft des immergleichen –

vollkommen die suche nach freiheit

es war damals in rom zwischen den mauern
der via del boschetto ausgetretene böden
balustraden die an den häusern hingen wie
rissige hüte geranien leuchteten aus alten
gesichtern :
schnell ließest du ein lächeln fallen
nahmst meine hand & wir sahen zwischen
den mauern den himmel katzenaugenblau
steinwurfweit das kolosseum über dem kühnen
gebirge eines wortes ein mondfeld :
du bist innen ganz weit & rund so bestehen wir
vor den wackligen häusern den nie ruhenden
tauben kakerlaken

im verfärben der blätter sitzt ein name
das nachtlicht hört jede silbe jeden ton
den seine geburt ihm gab –

unbemerkt fällt das insekt verblüht das
blumenmeer die vögel ziehen mit weit
ausgespannten flügeln in den schmalen
wolkensaum durch deine herzkammern
mit seinen winterharten früchten –

kein wort sitzt in deiner haut unsere
augen erkennen mit schläfriger
gewissheit : du gibst das maß vor
du denkst du : das schneelicht das eis

vor der birke : der frühlingsbirke : dem frühling
den grünen & farbenfrohen den kleinen
säuseligen gefährtenblicken über den zaun –

in der küche zwitschert swann & die arendt
das gemeinsam erotische es ziehet uns hinan
alles so intermedial grün & schon vorbei :

ein frühlingswölkchen über dem dach leert
akeleibecher & – :

wir trinken den blütenschleier der kirsche
aus

die eingefangenen kleinen gesichter die
in zwei metern entfernung an deinem
hängen bleiben & lächeln sie lächeln
einen treibenden geist durch die röhre

die schwinge der worte hängt schlaff
in den screens ein werben verwedelt
den ton in die ebenen des umworbenen
unantastbaren : leere –

kein selbst : ein anderes –

ein sperling kreischt im garten
der wind röhrt in den rosen

nichts : nur rauschende lichter

ist die zeremonie ausdruck der wichtigkeit
eines menschenlebens die strenge gefühlsarme
die choreografierte / mit pauken & trompeten

die trauer die nur durch den wimpernschlag
vertreibt was noch im zweifel schien
ein du war immer da in bildern & posen
einen menschen geformt nach gutdünken

die abweichung bestärkt in dir das bild
ermöglicht zeit der unsterblichkeit –
ein herz frei von irrtümern :

(und wer ein herz hat – zeit – der hörts –
von innen (o. mandelstam, dämmerung der freiheit)

wie leicht es sein könnte wie schwer –
es keine grenzen gäbe es alles wäre
verbunden ineinandergelegt angelegt
hingelegt & aufgenommen

erst wenn das eis auf den gedanken
liegt unbeweglich im eigenen weißen
unbefleckten sein dann fällt das gewicht
schwer in die organe die sinne : –

all die farben der welt fallen : entfernen
wärme zwiesprache – es lächelte kein
faun kein strolch hinter bäumen
dein zwergenhaftes selbst erlöschte

was bliebe oder bleibt – *der vergessene*
traum der dich gebar (Márai)

du bist nicht einsam genug
hast die falsche körperhaltung
glaubst die samojeden seien ein volk
bist nicht hund genug sonst wüsstest du
– sie sind die wörterbuchhunde
die den verborgenen knochen ausbuddeln
: ihn dir vor die füße werfen –

was du damit machst ist deine sache :
du suchst den sermon für die samojeden

im wörterbuch, m. beyer ›graphit‹

die polierten schuhe : leergut das an den hölzern
schabt & oben lüsterts über einem vielarmigen
körper der wogt & rauscht

das ohr schmiegt sich in die erzählungen
das herz erschrickt spült die erinnerung in
ein wohlmöbliertes licht :

sie zieht hier die maske aus vor der
sublim gesetzten schrift – sie lässt dich
wie ein verschonter schläfer staunen :
der schreck nur ahnung : fort
gewischt im allegretto –

15. *sinfonie* von dmitri schostakowitsch

du hast dich erinnert kerzen angezündet
an das tal durch das du gewandert bist

du hast dich erinnert an die landschaft
die dir zuflüsterte von beginn an veilchen
johanniskraut salbei minze thymian die
heilende wirkung :

das bewimperte auge der fetthenne entlang
der bäche bewegte ein licht : es streifte
durch dich hindurch & gleicht jetzt der
alabasternen figur die zwischen den büchern
steht : ihre hülle aus licht & schweigen
ist die form der hütten der tische
die dich als gast gesehen- & vergessen haben
närrisch von schlaf

warten : du wartest vor dem rot
das ein pinsel auftrug du wartest
auf ein wort das rot aufträgt –
es fallen dir nur kriege ein :
blut tränen fleisch ohne eine regung
es lässt dich kalt & einsam klingeln
die münzen unter dem stuhl die
einer liegen ließ –
sie klingeln so leise dass sie nicht
auffallen aber dein stuhl ruckelt
von einer seite auf die andere &
durch viele zimmer du fragst auf den
schwellen : bin ich hier richtig :
mit ihrem habichtblick fahren sie
die krallen aus wenn du dich auf
der richtigen wähnst – &
geben keine antwort du ruckelst
zurück woher du kamst

vor den fenstern zur straße hin
die winterbäume die wintervögel

du gebarst dein kind –
die embryonalen zellen groß
die fontanellen geschlossen seine
nidation : die welt : du denkst
noch einmal den januarmorgen
den schnee & das silbrig schimmernde
haar das schönste kind & nichts wird –
überzeugung gegen zweifel der kleinste
engel schrieb schon damals seine zeile
winter & unbeflekt & kalt die heizung
wimmert das fenster wandert weit

der kleine screen leuchtet auf summt –
du liest die botschaft die keine ist –
ein leeres knurren im fenster

scheinwerfer schieben baluster über
wände figuren hinter die stille der
dinge : du suchst nach dem nachbild :

das kind mit brennenden hölzern den
rauchzeichen für die katze & die kahlen
bäume das sprungbein des pferdes
die wilde mähne die deinen atem mit
sich zog in den traum derselben
dämmernden räume –

du schaust noch immer in die langsam
atmenden bilder

immer mehr bücher auf dem tisch
immer einsamer der tisch immer
wenn der krieg ausbricht zieht er
zum fenster an den blättern der
bäume hängen die flügel junger
vögel sie färben die bücher sie
wischen den tisch blank woher
fragst du kommen die bilder – :

vielleicht bist du der könig der
die bilder gestohlen hat die jetzt
reihum an deinem fenster stehn
das dunkle tuch deiner augen
wirft sich über sie & lassen die
leere zurück wortlos wie schnee

nur der schmerz ist zu hören
das blut wie der blitz eines
laut geschrieenen namens
eingestürzt in deine leeren
augen in deine tiefsitzenden
ohren : sie reichen bis zu den füßen

der frühlingsflor zittert in deinem
herzen & die raben nisten darin
verfüttern es ihren nestlingen

herzlos bist du jetzt in dieser zeit
die häuser färben die gräber & kinder
erbetteln staub vom himmel –

du wirst sie über die steine tragen
ohne nahrung & ihre lieder singen

es ist wieder krieg mein rücken
ist eingebrochen die beine haben
keinen halt käfer krabbeln auf dem grat
meiner knöchelchen stürzen
in die täler der sehnen zerreiben
sich gegenseitig –
nur langsam erinnere ich die
welt wie sie war : wie ein
kind zwischen blumen & stein
hochaufragend das spiel mit
licht & schatten der langeweile
die katze die ihre krallen wetzt &
gras frisst daneben zerkratzte bäume
& wege die im nirgendwo enden
endlose abwesenheit von straßen
hellsichtiger mein jetzt als ob ich lebte

die decke : eingefasster gips ausgedörrt
vom schlaf schleifspuren blöken der schafe
wir greifen tief in die wolle sperren uns gegen
die kraft : fremdes ansinnen :

du streust deine worte wie therophyten
sie keimen auf : – eis & rauschen der winde
steigende irrlichter : wachsen der freiheitsbäume
sie streuen schatten aus blendendem licht

zuguterletzt im parterre
ohne stufen keine tritte
nach oben platt : gerade aus
der vergänglichen welt
du nimmst nur die katze mit –

von innen angerissen von innen

der mantel deiner haut zwischen
tapeten & dem bild stickerei
oder lithophagie zuunterst
kleine steinchen die leise
das erdreich lockern oder
epiphanie

über dem tisch hängt ein wort
ein lampenschleier schüttelt
die milch im kaffee :

komm oh komm du geist der liebe –

das viereck bewegt sich in den armen
der stille wie die kirschblüte zwinkert

du denkst das bild steigst um
in anderes gelände den milchschaum
auf den lippen den fluch im kopf er

überdeckt deinen mund –
das jahr beginnt zu schweigen

der regen geht in schnee über
die straßen werden schwarz
dunkel glänzt dein beatmeter
zweifel ob du darin platz findest

eine drehung der arme der beine
kopfvoran fehlt ein mensch das
seufzende ein & aus versickert
zwischen kleingeschnittenen
papieren –

wie der hunger größer wird
& fremder

weißt du wie einer litt :

wie dunkel dein auge aufflammt
vertiefter rührst du die blätter
um & um du schweigst

triebe aus schmerz & scham
wachsen dir entgegen gebückt
hältst du die hand über das
erdreich hoffst dass es zu grünen
beginnt –

hörst du die steine
schreien

gilt es die mauern zu schützen
die grenzübergänge zu halten
mit den bäumen wandern sie
über die grenzen in dein
blut es leuchtet es leuchtet alles blut
ist gleich & süß & voller leben –

babyn jar & butscha deine augen
wohnen im schwarzen rauchigen
feld *hier wohnen sie nicht eng**
hier steigen sie auf über den
trümmern der menschheit & weit
treibt ihr einsamer von allen
verlassener planet leicht & flüchtig

* celan

das alte kind zwischen den trümmern
darüber ein blau gefälteltes kleid
das einzige das standhält –

sein kleinstes mögliches versteck
das niemandsland

der mensch ist nackt & häutig
tücher decken felle ausgelegt –

umhüllt der körper die räume
umhüllt die augenpaare – viele

& im krieg & mittendrin ein kind
ein tier es liegt die mutter still

die frühlingsbäume wiegen sich leise
über die verweinten gesichter &
wischen tränen auf deinen screen

mit der hand wirbelst du fluchtwege
auf in alle richtungen beleuchtet von
angst & einer unbekannten schrift die
niemand entschlüsseln kann

wenn alles gleich & verändert ist
die frauen frau die männer mann
die kinder kind so ist es dennoch
ungleich bis in die zellen –
fragst du mich ich dich oder uns & wir –
hier sind die gesetze richtig außerhalb
gelten andere : lichtjahre heiße sterne
schmelztiegel ungelebten lebens wie weißt
du was gleich oder verändert ist du kennst
nur bruchstücke nur das was vor augen ist
& in dir als wahrheit ungleich im außen
in allen ein eigenes selbst umschlossen
im feuerring der liebe

es klang klagte rief aus
schatten die du nicht
kommen sahst –

gewürzt mit tulpenlicht
ameisenstraßen –

du rückst vor bis zur wand &
weiter bis zur tür & fühlst es :
dies haus ist nicht bewohnt

sein name ist wie schmerz wie
ein hauch über unbekanntem feld
in das er leise einsickert

das haus wird neu möbliert &
ausgeschrieben

wirst du hinausgehen auf die straßen
die gassen der stadt die aufsteigt
zum himmel darin ein mensch
in sich zusammen sinkt wie
asche wie häuser wie bäume

vielleicht siehst du noch eine blume
noch ein blatt eine farbe einen weißen
stein du legst den kopf dahin wo
sich jahre wie ein kranz ums
versehrte gesicht legen :

oder brotkrümel von vögeln
platziert

sie sind wieder da im gleitflug
entlang der winde –

sie sind stärker als der krieg
sie kreischen über den gräbern
ihre großen flügel lebendig
& schlaflos :

du aber bist wie ein fremder
im täglich kleinen tod gefangen –

die schwerkraft der sterne liegt
über dem kirschbaum den alten
fassaden & den grenzübergängen
den wieder – holungen :

dunkelstes lapislazuli

was siehst du : menschen wie bäume gehen –
was siehst du jetzt : du nicht er : du :

ich sehe die menschen gehen sie gehen
ennet den straßen auf den trottoirs
sie gehen ohne gruß aneinander vorbei
ich sehe bilder zerbombter häuser toter
menschen an denen andere achtlos vorüber
gehen ich sehe tiere menschen ausgedörrt
ohne wasser ohne nahrung ich sehe sie
zum himmel schauen die wolken die sonnen
fliehen –
ich sehe wie du den speichel rührst
mit sand vermischst & den menschen
der blind war sehend :
ich sehe mit sehenden augen mit blindem
herzen ich sehe eine untergehende
welt

markusev. Kap. 8

die tage sind heiß
die tage sind lang
die tage sind voller klang
die tage werden kürzer stiller
die schwalben sind fort –

sie fliegen gefüllt mit den farben
der felder der sonne & frischem mond
sie fliegen von einer dunkelheit zur anderen
sie fliegen dem licht neuer geburten
entgegen & auch da werden sie
von einem tag auf den anderen
verschwunden sein unsere nester
füllen & fliegen sirren nie den boden
berühren ein wolkenluftleben

durch meine hände durch

die bücher sprechen nicht sind stumm
die menschen sprechen nicht sie werden
besprochen sind an keinem ort & überall
die augen sehen das eigene verwischt
binge watcher überwältigen –

die bäume verabschieden sich schon

auf der nächtlichen leinwand erscheint
übersät mit tausend lichtern die kulisse
des sterbenden planeten wo erste
letzte sein werden

dein leben ist sterben ist gewinn

der sommer nimmt abschied an den fenster
innenseiten beschlagen von mücken die früchte
drehen die haut hinters licht bleiben liegen
faulen –

du siehst die sonne über den dächern
verblassen die abendwolken greifen nach
ihr der flug der fledermäuse vertreibt sie

die bäume treten zusammen fordern seligkeit
das mondlicht gerechtigkeit –

dein nachtgesicht leuchtet wie angeschwemmtes
strandgut : ein fetisch den niemand braucht

wenn der vollmond am fenster abstürzt bevor
er das licht auf deinem gesicht nachzeichnet
kein grün beimischt kein blau –
die sternschnuppenmoral –

der raum ist schwarz bis zum haus mit
gelber landschaft der regen retrospektiv
imaginiert : wir strecken die hände aus wir
trinken die trockene haut wir kommen nicht
weit aber die wiesen sind voller orchideen
& traurigkeit –

wir sehen den flügel der sich suchend nach
uns umdreht : eine helle fensterfront

an der stille an der einsamkeit
am licht dem grün & grau
wie die buchstaben sich drehen
sich wenden wie sie fallen
ob es die lücke gibt –

du gehst & trägst den schlaf mit dir
in deinen schritten den stein das
geschoss zugemüllt das zimmer
mit schwerer luft die puppe starb
schon mehrmals am immergleichen
zerkauten bissen : sie leidet an deiner
kriegsschwere –

schreib endlich vom noch leeren
blatt den frieden ab

über den tisch schwimmt die locke
am glasrand klebt die kleine blase
gefangener luft unbemerkt klettert
sie nach oben zerplatzt die blumen
drehen ihre köpfe du sitzt im licht
hingegossen im licht länger als der
tag länger als dein kleiner fuß
am boden ankommt & sich leise
davon macht dahin wo du ihm
nicht folgen kannst du schaust ihm
nach der raum zerfällt & nur die
blumen wachsen über das licht hinaus

der hund mit dem säckli für alle fälle
zwischenfälle unfälle abfälle aufheben
anheben bis ein heißer ofen alles frisst
in rauch verwandelt aufsteigend bis zum
mond der jetzt ein reiseziel ist bei genauer
betrachtung sieht er genauso aus wie unsere
welt die wir langsam aber stetig ausräumen
bis auch sie aufsteigt zum mond der die stinkende
masse gleich wieder fallen lässt & –
lieber alleine lebt –

schreibst du heute den text den du im kopf hast –
darauf habe ich keine antwort nur ungewissheiten
sie sind so kraftvoll dass alle zimmer vibrieren leise
aber spürbar wie das rascheln der zeitung das
schnurren einer katze & in deinem spiegel
verändert & fächert sich das licht die luft
schwingt wie das goldene zepter einer königin
fasziniert schaust du zu duckst dich um unerkannt
in den garten zu gelangen mit den seltenen pflanzen
den nachtblumen die jetzt schließen die türe fällt
ins schloss – erschrocken stehst du da :

                              ohne schlüssel

er hinterlässt eine leere ein flügel
der dich umschwirrt dir das licht
anzündet & den rauch der kriege
vertreibt der kleine bonsai steht
still immer still erkennt nur sein
grün nur wachstum & leben

wenn man die zeit rückwärts drehen könnte
alle geschichten & geschichte ausradierte –
sie wäre wie die weißen wände deines zimmers
es entstünde eine weite landschaft durchdrungen
von offenen horizonten & in den luftigen räumen
käme ein schöpferischer atem ein hauch der dich
mit trüge hinaus weg von dir & ganz zu dir hin :
hinaus in eine selbstlose tiefe nichts umstellte
den gedanken als nur der : leben ist eine hülle
weit wie die wolken –

& darin lebtest du : leer
& geschöpft aus dem geist –

aber du trägst das kainsmal auf der stirn
bestückst die welt so dass du sie verteidigen
musst statt sie zu bewegen

die frauen mit hauben großen röcken
sie tragen vögel blumen rosetten aus
einer anderen zeit hinein in die unsere –
im lichtkegel der fenster der wachstafel
scheinen sie sich zu orientieren zu orten

in deiner kleinen zeit kommen sie nie an
sie sind aus alten geweben ihr herz in den
häusern der natur lichtklein dein wissen
unbegehbar die hallen ihrer gegenwart
dein pixelauge sucht die form findet nur
bruchstücke

der tisch ist groß leer der
stein in der mitte glitzert
glotzt : vielleicht ist es häme –
die kinder kochen asiatisch
mit viel gemüse keinen wein nur
wasser & durchsichtigkeit :
ihre körper sind stark :

du stehst am rand der stühle
der accessoires atmest die trauer
der königliche tod & die sonne leuchten
über dem aufgeschlagenen buch
stabeneifer noch immer –

ein literarisches manöver
sätze wie stricknadeln die
klappern ein engmaschiges
gewebe der kopf tut es die
hände tun es : verstricken : –

geschichten zu geschichte du
horchst erschauerst im täglichen
déjà-vu : nimm dein bett & geh –

verschwinde aus dem übervollen
bevor der schrecken sich wiederholt
denke deinen sichtbaren ort
da hinein lege die gedanken
die du tragen kannst

diese gestalt : dieses gesicht vom donbass
die haut von verzweiflung dunkel
aufgeworfen die lippen der schrecken
kauert in den tüchern die ihren körper
einhüllen verhüllen unsichtbar machen

du siehst sie im hellen licht deiner fenster
in der ruhe deines alltags du fürchtest die
hybris der herrscher –

nur das gesicht der bäume macht dich hell

wie alles auseinander schwebt
die dolden im gegenlicht im
dunkeln : alles wird leicht &
die gedanken dazwischen
ziehen in alle räume ein –
am grün haftet die erinnerung
am weiß das vollkommene
in den leeren räumen noch
immer dein lebensfeuer
vom licht gewürzt

die hufe der pferde treten den takt
die bläser die garde im wiegeschritt
die landschaft erkennt ihre königin
gibt blumen her & ein lebensalter

ein schloss groß wie dein zimmer
verlegt das wohnen in den himmel
du schaust in helle wolken
an den fenstern leert sich das
licht : es ist warm wie unter fellen

du gräbst in den tiefen
zementhöhlen der welt
dein leben aus : schaufel
um schaufel –

es bleibt dir haut & knochen
ein blühender geist & wissen
vom leben : das leben selbst

nach imre kertész, *heimweh nach dem tod*, s. 81

es ist noch tag in den blättern
aber der sterbende touch –

schön für die augen & kälter
vielleicht musst du die bilder
umhängen anders platzieren
über die ränder hinaus alles
zusammen rücken ein einziger
raum für die sterbende zeit

nur die künstliche blume blüht im
kalten glas ohne wasser

würdest du dein leben opfern
in einem unerklärten krieg kämpfen
deine brüder schwestern abschlachten –
würdest du es tun um den preis
der freiheit der gerechtigkeit würdest
du es tun um die welt zu retten –

hinter der mauer steht dein bett
dein ofen im kasten dein geschirr
& im goldrand der tasse siehst du
dein gesicht forschst darin klaubst
aus den poren den stachel & erntest
ein schälchen frieden : jetzt

plötzlich bricht der turm des kindes
zusammen die erschütterung wie am ende
der zeiten oder ein widerruf : hört hört –

die ächzenden wände bleiben stehen
in den ritzen nistet das bild der bettlerin
der heiligen vielleicht –
ihr tuch & der trost deiner ratio
vertreiben die angst des kindes groß
ist die müdigkeit die fortschleicht ins
ungewisse –
& es ist der siebte tag –
im nachbarhaus brennt licht

liest du den tod zwischen kapriziösen kissen
liest du aus der leere den schmerz lässt du ihn
einsickern in deine leichter werdenden knochen
in deine steinfarbene haut –

deine stadt wird immer leiser ohne dein gewicht
ganz innen sterben die kinder die überscheinende
sonne kann den schatten nicht austreiben die ton
art erinnert das lied –

gärten & gährende stunden lustvoller
sprache fern stehen die häuser der fremde

ruf mal an : diese nummer –
: da ist eine kinderstimme da
ist ein kleiner jubel :
mein telefon ist weiß mit
vielen knöpfen

deine erinnerung : ein warmes
bündel im arm kaum aus der
mütterlichen wärme entlassen
& ist dir die stille zeit näher
so sehnst du jetzt die
bewahrte herbei

sehen : hinauf –
weiß der wolkenschaum

dein schmerz verliert sich nicht
der dunkle raum reicht
bis ins zarteste weiß

das frühere das spätere
es zieht die augen das ohr –

& oben bricht ein licht
das schweigen

Über die Autorin

BRIGITTE TOBLER, *1951 in Zürich. Ausbildung zur Pflegefachfrau. Schreibt seit den 1980er Jahren Lyrik und Kurzprosa. Zahlreiche Buchpublikationen: *mit der zuverlässigkeit abgelaufener uhren*, 2013, Gedichte; *die heimliche furcht vor der fremde*, 2014, Prosa; *bis in die mundwinkel grün*, 2014, Gedichte; *im silikonlicht der zäune*, 2016, Gedichte; *MÄD BOOK LYRIK EINS*, 2018, Gedichte. *lass uns noch ein bisschen schön sein*, 2020, Gedichte. Verschiedene Veröffentlichungen in Anthologien und Literaturzeitschriften.